Un viaje a pie

Primera edición: mayo, 2023

Un viaje a pie

©Elliot Ortiz, 2023

Arte de cubierta por Nadia Sierra

Ilustraciones del interior por Johana Bonilla

Publicación independiente

PoD Amazon

ISBN: 978-1-961329-01-0

Un viaje a pie

Elliot Ortiz

Este poemario lo dedico a ese amor incondicional que me regalo mi hermana y a mi hijo, quien ha sido mi inspiración, mi luz y mi norte desde el día que nació.

Agradecimientos

A Xavier Rosario por tu apoyo. A Michael Dulce de Coco Cruz por tu humildad y dedicarme el tiempo sin ningún tipo de interés, eso vale. A Nadia Sierra por la cubierta del libro, te botaste. A Johana Bonilla por los dibujos interiores, te pasas conmigo, siempre ahí para mí. Finalmente a Mariana González por toda la paciencia que tuviste conmigo, que fue mucha.

Índice

4ta Parte | Pa los Poetas

Viaje a Pie

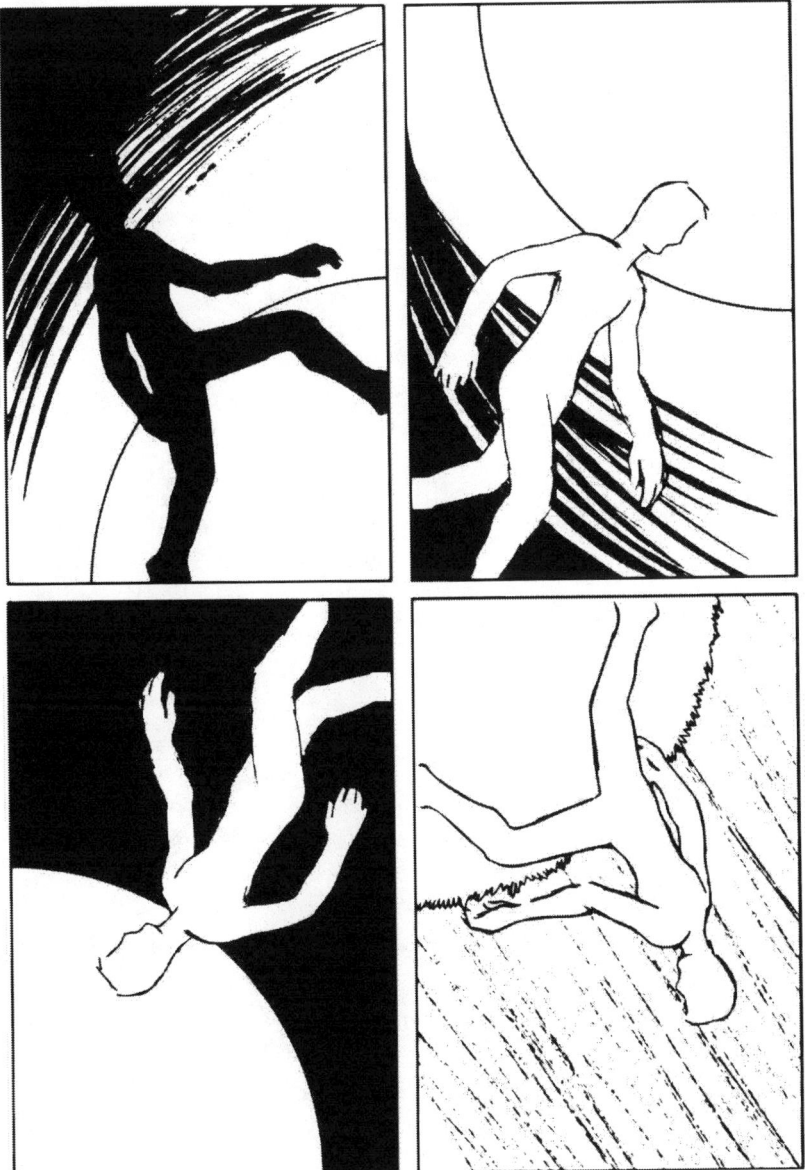

Ya Es Un Hombre

Él le dijo si soy yo
pues ella apenas se acordaba
del niño frágil que lloraba
y muchas veces se cayó

cuando lo vio se desmayó
no lo podía ni creer
que aquel niño del ayer
la vida lo reconstruyo

por supuesto se instruyó,
y aprendió sin medida
no la escuela fue la vida
lo que el tiempo proveyó

ella en él siempre creyó
sin embargo, en su presencia
testigo fue que su esencia
la mantuvo y lo ayudo

ahora ya todo un soldado
de la vida y sus deberes
del amor y los placeres
todo un hombre aventurado

el que fue subestimado
pues en él nadie creía
y ahora saco la cría
ahora es privilegiado

    serio, dulce y siempre dado
    sencillo, humilde y gracioso
    a veces un poco perezoso
    pero siempre apasionado

        frente a ella emocionado
        bajo una lagrima por su mejilla
        recordando la semilla
        que ella en él había sembrado

Una vez hombre
     lo primero que
          te tienes que
               deshacer es del......

Machismo

Mas sabe el diablo por malo
Que por viejo y caído,
Pues su poder se ha ido
A puño, piedra y palo

      Lo mismo pasa con el hombre
      Que de amenazas se vale
      Pues no hay nadie que lo hale
      Para derrotar su nombre

            Por los años de los años
            Se sirven en cuchara grande
            Sin medir cuanto se expande
            Lo horrible de sus daños

                  Aunque ya nadie los tiente
                  Es normal no hay problema
                  Continuar con el esquema
                  En el pleno siglo veinte

                        Al día de hoy no les importa
                        pero se sigue dando pelea
                        pues hay quien unte la jalea
                        falta quien coma la torta

Esto es algo general
Que le afecta a todo el mundo
un problema tan profundo
muy difícil de ignorar

Por eso hay que ayudar
a las mujeres del mundo
con este mal tan inmundo
que tenemos que acabar

Combatir toda esta escoria
de forma clara y precisa
sin que la sangre sea tiza
que termine esta historia

Hacerse hombre significa
aceptar los errores y
las consecuencias de......

La culpa

La culpa no es del destino
es lo que has hecho en el camino
No vengas con un cuento chino
Todo por tu desatino

Es fácil culpar a otro
Que no es el jockey es el potro
Que no fue Batman fue el Zorro
Tirar las balas sin gorro

Tratar de cubrirte ahora,
Cuando todo empeora
Es como un viaje en motora,
A cien mil millas por hora

Hay que tener pantalones
Para borrar ciertas acciones
Después de caer en patrones
Habiendo otras opciones

No seas caripelado
Deja el orgullo a un lado
Empieza a actuar más apropiado
Vive el ahora y no el pasado

no trates de hacerte víctima
hablar bonito pa la lástima
mírate el rostro ni una lágrima
piénsalo bien pa la próxima

ten un poquito de vergüenza
eres peor que la influenza
un mentiroso sinvergüenza
que encontrará quien lo venza

pero con seguridad
y no por casualidad
aunque no hay inmunidad
tienes la oportunidad

de empezar a ser consciente
y ser más inteligente
aceptar culpa y ser valiente
un ser humano excelente

Después de ser un hombre
excelente estas listo para
ser un buen hijo porque……

Madre Solo Hay Una

Madre solo hay una
De eso no hay discusión
Se entregan son protección
Sin tener reserva alguna

Son como una laguna
Un depósito de perfección
Que con dulce aflicción
Nos bajan hasta la luna

son como una vacuna
que sirven de sanación
como derramarle unción
a un niño en una cuna

pero se montan en tribuna
Si nos ven con tentación
Pues rezan con devoción
Y si es necesario ayunan

Pues nunca he visto ninguna
Tener argumentación
No importa la petición
Te complacen ya de una

pues siempre son oportunas
se dedican con pasión
dignas de admiración
nuestra mayor fortuna

por eso hay que cuidarlas
y brindarles mucho amor
pues son una bendición
siempre debes atesorarla

hazle sentir que la quieres
con un gesto bien bonito
eso sería poquito
por ella eres quién eres

Dedícale tiempo y alma
como hizo ella en su momento
yo le haría un monumento
por su extraordinaria calma

sin pensarlo se entrego
y nos dio su vida entera
nos cuidó como pantera
su instinto era su ruego

las madres son orgánicas
natural es su cariño
dan amor a cualquier niño
por eso es que son únicas

ámenlas sin temor
al igual que ellas lo hicieron
con sacrificio nos acogieron
y entregaron todo su amor

Cuando entiendes el sacrificio
de una madre estas listo
para ser un buen padre
y amar a tu......

Hijo

Es un amor tan profundo
Que no tiene explicación
Va más allá de la razón
Esta fuera de este mundo

Y te deja vagabundo
Si algún día te faltara
Como bala que dispara
Y te deja moribundo

Es que es algo especial
No tiene comparación
Pues te roba el corazón
De manera existencial

Llega a ser perjudicial
De tanto que se le quiere
a nuestra piel se adhiere
este cariño exponencial

le damos la vida entera
y si nos dejan damos más
aunque nos cueste lágrimas
hacer su vida placentera

uno busca cualquier manera
para darles lo mejor
sea mecánico o doctor
abogada o mesera

es por eso que dirijo
la atención a lo importante
convertirlo en ser pensante
que adivine el acertijo

y así vivir con regocijo
esa increíble bendición
que llevamos en el corazón
el regalo más bello… un hijo!

Para complementar el buen
ser humano que eres
entonces no debes….

Ni Opinar Ni Juzgar

Es bien fácil opinar
Cuando se trata de otro
No hace falta ver el rostro
Simplemente no hables mal

Primero hay que averiguar
De que se trata el asunto
Si es positivo hable y punto
No hay problema en aportar

Pero si no te puedes callar
Comenta lo positivo
Deja atrás lo negativo
Y eso te va a ayudar

A poder canalizar
Las cosas y situaciones
Minimizar las aflicciones
Y poderte relajar

concéntrate en reflejar
buena imagen y carisma
simplemente se tu misma
tu verás vas a brillar

de manera peculiar
hablando solo bonito
como mirarte en un espejito
al que no quieres nublar

    te puedes imaginar
    que hagan lo mismo contigo
    sea familia o sea tu amigo
    eso no te va a gustar

        así que aprovecha tu andar
        que la vida solo es una
        opina bien hasta en la luna
        y recuerda no juzgar

Y entonces podrás….

SER FELIZ

Ser feliz en esta vida
no se trata de dinero
seas doctor o barrendero
da lo mismo es relativa

pero por iniciativa
debes conocerte bien
para así poder saber
que es lo que te motiva

pues será tu prerrogativa
dedicarte a algo hermoso
lo mismo a hijo o a esposo
ama de casa o diva

no es como se te perciba
debes ser siempre real
que tu vida sea especial
sin que nadie te la escriba

basta con ser creativa
y hacer lo que más te guste
si es necesario un reajuste
para ser más efectiva

Ser feliz es siempre dar
y también agradecer
el mero hecho de nacer
es motivo de celebrar

queda de uno aprovechar
lo que la vida te ofrece
no importa cuánto tropieces
te vuelves a levantar

lo importante es recordar
que la vida es hermosa
en poesía o en prosa
te la debes disfrutar

es la actitud por adoptar
para una vida alegre y plena
que con momentos lindos se llena
poco a poco hasta aceptar

que nada pierdes con tratar
a no ser árbol caído
espero haberte convencido
de ser feliz y no esperar

Ya eres feliz y te das contra
la pared cuando te vienen
tantas preguntas sobre….

La Vida

Al final del camino, que es la vida?
Si ni siquiera escogemos nacer ni venir al mundo
Si ni siquiera escogemos nuestros padres, nuestros hermanos ni
nuestra familia
Si ni siquiera escogemos como vamos a ser criados o que reglas de
vida nos imponen
O sea que al final, somos nosotros?
Cuanto tiempo nos toma descubrirnos o encontrarnos
Ser lo que queremos ser, sin que nada ni nadie nos defina

Me pregunto, cuál es el verdadero motivo de nuestra
existencia?
Para que estamos en este mundo
Es como si te soltaran en un lugar sin tu saber nada, ni para que
estas ahí
Y que lo único que tienes son tus padres para decirte que hacer
Para enseñarte que es bueno y que es malo
Para tratarte como cualquier otro objeto que poseen
Para rendirles tributo como si fueran nuestros héroes

Pero y ellos?
Pasaron por exactamente lo mismo que nosotros
Es como cuando hay una fila larga de personas
Y la primera le dice un mensaje en el oído a la próxima
Y así siguen de persona a persona y el mensaje se sigue
distorsionando
Y al final el mensaje es totalmente distinto al original
O sea que, que parte de la verdad o realidad nos tocó

Te dicen que seas tú mismo, pero tienes que ser como todo el mundo?
Sera que nos tocó el final de la fila
Sera que nos tocó el mensaje distorsionado
Entonces a quién y cuál es el próximo mensaje que llevamos
Vamos a ser los próximos supuestos héroes
Si no supimos de la vida al principio porque vamos a saber al final

Que se supone que hagamos, lo que pide el cuerpo?
Comer, dormir, hablar, tocar, oler, mirar, oír, llorar, sentir y
respirar
Para esto existimos, y estas cosas son la razón de todo lo que
nos pasa
Esas son las razones por las que nos enfermamos y morimos
Las razones por las que estudiamos, trabajamos y no casamos
Por lo que tenemos hijos, fornicamos, robamos y matamos
O simplemente son la excusa de todo lo que hacemos

La familia, porqué es familia?
Si cuando uno nace da igual a quién uno le dice hermano
que le digan que fulano o vengano es tu hermano no hace
diferencia
tú vas a tratar como hermano al que tus padres elijan tu
hermano
vas a tratar como familia a quien tus padres te digan esa
es tu familia
si tú quieres y haces más por una persona que no conoces
que a los que llaman familia
así que cuál es la diferencia, para qué llamarlos familia

A que venimos a esta vida a estudiar?
A estudiar para que tus padres tengan un descanso
A pasar 15 años estudiando para tener permiso a ser alguien
Para que después busques trabajo y te digan que estas sobre
cualificado
O es que si estudias te mueven de lugar en la fila
Y te ponen de los primeros para que el mensaje sobreviva

A qué vinimos a esta vida a trabajar?
La excusa más bonita para salir del hogar
A intercambiar dinero de la manera más ilegal
Pues lo que tú haces te lo pagan bien por mal
A sentir que vuelves 100 años atrás
A ser el mismo esclavo que lucho por su libertad

Pues vinimos a esta vida a asimilar
que desde que nacimos lo que hacemos es remar
En las aguas más profundas de la llamada sociedad
Manejados absurdamente como títeres en la obscuridad
Cargando el enigma de una vida existencial
De la que nunca sabremos su final

1er Intermedio

Necesito Verte
(Dedicado a mi hermana Lizette Ortiz)

Me cuidaste con cariño
Cuando era solo un niño
Me diste amor y ternura
Me cubriste travesuras

      La hermana más alcahueta
      Me hiciste arroz y chuleta
      No exagero hasta ahora
      me compraste una motora

            planificábamos juntos
            pues sabias to los puntos
            viajes viajes todo el día
            te encantaba ser la guía

                  ayudaste mucha gente
                  que te aman ciegamente
                  les diste pan y comida
                  les diste toda tu vida

                        dios te bendiga por eso
                        por las noches por ti rezo
                        es que es duro este proceso
                        porque sé que no hay regreso

yo quiero volver a verte
Para darte un fuerte abrazo
Que me compense el cantazo
Cuando me dejaste inerte

Que diferencia tenerte
Para poder conversar
Reír, llorar y jugar
No podría detenerme

Siempre para defenderme
hiciste hasta lo imposible
simplemente invencible
solo para protegerme

con tu forma de quererme
no tiene comparación
me entregaste el corazón
justo ahí al conocerme

ven aquí a socorrerme
te lo pido por favor
apacigua este dolor
que esta despierto y no duerme

Conceptos

La Mente o El Corazón

Con el corazón es que sentimos
Lo dice uno y lo repetimos
No hace sentido pero fingimos
Seguimos fiel a lo que decimos

    Estamos seguros de que es así
    O simplemente "es porque si"
    Porque la vida dice que si
    Y nadie quiere contradecir

        De verdad se siente con el corazón
        Sera que tiene uso de razón
        Compró una guía por amazon
        O solo aprende por tropezón

            Sin embargo miremos la historia
            Del corazón y su trayectoria
            Que de manera obligatoria
            Le han adjudicado toda la gloria

                Un simple musculo humano
                Puede ser grande o ser enano
                Lo mismo chino que africano
                Estar podrido o estar sano

Es un órgano sin pudor
No tiene nada de acogedor
Es solo un administrador
de llevar sangre alrededor

por el contrario me hace sentido
que es la mente y no el latido
con su poder desconocido
la que siente y hace ruido

es abstracta y no se ve
como creer en Dios todo por fe
al principio ignorante como un bebe
al final siente todo y hasta lo ve

la mente siempre es la que manda
es fría, directa, nunca blanda
no blanco y negro como un oso panda
más parecida a una clase graduanda

la mente le hace bulling al corazón
lo engaña y lo vacila con intención
sin remordimientos en cada acción
hasta que lo somete a su misión

entonces es claro de que es la mente
y no el corazón el que uno siente
es muy importante tenerlo presente
aceptar la vida y no ser imprudente

pero si aun así lo quieres escuchar
no dejes que la mente ocupe ese lugar
lánzate con todo y debes confiar
el corazón es tuyo déjate llevar

El Suicidio

No puedes contradecir
Cuando el corazón te llama
Y a la misma vez reclama
Que no se quiere morir

Y no debes insistir
Aunque abunde la tristeza
Mejor llora, grita y reza
no te dejes consumir

Mas bien debes de fluir
Y no pienses por un rato
Quizás sea un arrebato
Que se pueda prevenir

Aunque puedo inferir
que te hicieron mucho daño
y un corazón ermitaño
es difícil de seguir

pero es cuestión de subir
tus niveles de alegría
ya verás que pasaría
si decides desistir

pues la vida es un decir
no hay espacio pa amargura
queda de ti la postura
que decidas elegir

yo te invito a descubrir
de tu corazón lo hermoso
no habrá ningún sollozo
que te pueda seducir

cantar, bailar, gozar, reír
de eso se trata la vida
recuerda siempre hay salida
no te afanes no hay que huir

al contrario discernir
entre un día y un año
no caigas en el engaño
de no saber distinguir

piensa en redistribuir
todas esas emociones
las conviertas en razones
suficientes pa vivir

Sentimientos

No tienes que dudar
de expresarlos libremente
ese es el paso siguiente
cuando quieres disfrutar

      sin tener que lamentar
      que no ofreciste el corazón
      por no tener un tropezón
      y no te puedas levantar

            olvida eso y ve a pintar
            un cuadro con lo que sientes
            mira picasso el prominente
            pintando amor para aportar

                  a un mundo frio enseñar
                  que Dios los puso ahí por algo
                  somos nosotros, sin embargo,
                  que no los queremos ni usar

                        De nada vale luchar
                        Contra los sentimientos
                        Si es bien alto el porciento
                        De que vas a fracasar

Pues no se pueden educar
Tampoco contradecir
Así que deja de insistir
Si no quieren olvidar

Que tengan la libertad
De sentir lo que ellos quieran
Sin temor a que los hieran
Aunque tengan que pagar

El precio duro de extrañar
Si no son correspondidos
Nunca se dan por vencidos
Su naturaleza es amar

La Bondad

La bondad como palabra no dice nada
Pues es por acciones que va acompañada
Aunque la maldad le da una bofetada
Pero sin efecto porque no queda marcada

      La bondad es algo que no tiene forma
      Al contrario es algo que transforma
      Que hace y hace y no se conforma
      Hasta completar una buena reforma

            La bondad es humildad en cada momento
            La belleza disfrazada como un monumento
            Es hacer el bien como un medicamento
            Sanar al herido y dejarlo contento

                  La bondad no empalaga pero es dulzura
                  algo invisible que todo lo cura
                  Es Adán y Eva en toda su hermosura
                  Es hacerlo todo con mucha ternura

                        La bondad es hija de lo bueno
                        La que lo hace todo como el nazareno
                        No importa que haya sol, frio o sereno
                        El antídoto perfecto para el veneno

La bondad viene de personas apacibles
Libre de violencia que son sensibles
Que ante la necesidad se hacen accesibles
Y tienen corazones indescriptibles

La bondad te motiva a ser benevolente
a ser amable con toda la gente
a combatir el mal de forma diferente
ayudar a otros consistentemente

La bondad se derrite ante el sufrimiento
cuida las personas y les unta ungüento
le inyecta cariño y les brinda aliento
su mejor oasis en todo momento

La bondad que dio Gandhi en su mundo
de Madre Teresa por los vagabundos
Martin Luther King mensaje profundo
y la que dejo en la historia Juan Pablo II

La bondad se nutre del amor y la cortesía
es algo abstracto no es teoría
es un estado del alma y sabiduría
así dijo Sócrates en su filosofía

La bondad se desarrolla con la práctica
haciendo el bien de forma fantástica
a través de una acción empática
según Aristóteles y su táctica

La bondad inspira a ser amoroso
a ser desprendido y a ser dadivoso
ya deja el orgullo y no seas odioso
y siente la magia de ser bondadoso

La Soledad

Es algo que en verdad
Depende de tu persona
Si se apodera de tu zona
No te va a tener piedad

Al principio una novedad
hace tiempo no la tenías
salen a pasear tus manías
se siente una comodidad

te regresa la dignidad
por todo el tiempo afligido
estas feliz, de eso has salido
se terminó la ansiedad

pero que felicidad
se respira aire fresco
todo un marco pintoresco
que tiene caducidad

ante la gran realidad
de tener tiempo en exceso
lo sientes hasta en los huesos
ya es otra mentalidad

ahora la exclusividad
es solo contigo mismo
la que te lleva al abismo
con una facilidad

        y empieza la necesidad
        de compartir tus sentimientos
        tus deseos y pensamientos
        se apaga la felicidad

                esa inestabilidad
                la quieres pero la odias
                de risas a triste historia
                así es la SOLEDAD….

La Tercera Edad

Que curiosa es la vida
Cuando se llega a una edad
Se conoce uno de verdad
Sin que uno ni lo pida

    No es una vida aburrida
    Al contrario, se disfruta
    A chinchorrear por la ruta
    Y en la mano la bebida

        Pues ya nada te intimida
        Y haces lo que tú quieras
        El canabi, borracheras
        Sin sentirte cohibida

            Se oye así, pero, al contrario
            Vives la vida tranquila
            Pues no todo se ventila
            Uno es más arbitrario

                Otros son más rutinarios
                Se quedan siempre en la casa
                Café en mano en la terraza
                Esos son más sedentarios

están al tanto de todo
tienen tiempo y se entretienen
si los invitas ellos vienen
disfrutan de cualquier modo

si se caen pues se untan yodo
y eso no los detiene
al contrario los mantiene
ready en cualquier periodo

es una etapa interesante
todo alegría sin tristeza
será que uno sienta cabeza
o somos mejor estudiante

de la vida un visitante
pues estas aquí prestado
para dejar un legado
y de ahí a ser emigrante

directo al cielo sin mapa
como un premio de Dios
que con orgullo digas adiós
a esa preciosa última etapa

La Muerte

Habría que ser inepto
O tal vez embrutecer
Para no reconocer
Que la muerte es un concepto

 Hay cantidad de opiniones
 De ese evento misterioso,
 Y son muchos los curiosos
 Haciendo declaraciones

  A todos nos va a tocar
  Pero no sabemos cuándo
  Por eso vete ahorrando
  Pues esto te a va a costar,

   Ya sea para enterrarte,
   De forma tradicional
   O te vayan a cremar
   Lo importante es honrarte,

    Es algo espiritual
    Para los conservadores
    Lloran rezan llevan flores
    Se conforman con lo usual

Y para los liberales
Es muy diferente ahora
Los montan hasta en motora
pues quieren verlos iguales

Ya no es lo mismo de antes
La muerte es diferente
Llamar la atención solamente
Y sentimiento irrelevante

la muerte no discrimina
se lleva a todo el mundo
rico, pobre o vagabundo
la vida es quien dictamina

así que espera la llamada
pero no entres en receso
fluye y acepta el proceso
y disfruta la jornada

algo que me ha preocupado
y que nunca he entendido
son muchos los que han partido
pero nadie ha regresado

pero nunca es un adiós
esto es algo temporero
solo recuerda viajero
todo depende de Dios

El Interior es Natural

Piensa bien es la persona
Pues lo físico abandona
El exterior te ilusiona
Pero el tiempo no perdona

Es ley de vida eso se aprende
Aunque de cada cual depende
Si la belleza trasciende
Solo el cuerpo lo comprende

No se trata de estar sano
De ser grande o ser enano
De ser joven o anciano
Chino, inglés o cubano

La persona no es un premio
No la define el gremio
Podría ser un bohemio
O cualquier gente promedio

lo exterior es un paisaje
una obra un montaje
es como salir con un traje
y tergiversar el lenguaje

no juzgues por lo de afuera
lindo puede ser cualquiera
piensa bien reconsidera
cura ya esa ceguera

al contrario el interior
pincelada de un pintor
un reflejo del amor
obra del gran creador

interior que nunca muere
no se marchita ni hiere
es genuino y sugiere
ser natural si te atreves

EL BESO

Es casi como un misterio
Lo que voy a describir
Te inspira para vivir
Es necesario es en serio

     Te deja en un cautiverio
     Quisieras que nunca acabe
     Es por lo rico que sabe
     Que te incita al adulterio

          Pero no hay nada mejor
          Que dárselo a esa persona
          A la culpable a la ladrona
          Que te robo el corazón

               y te hace sentir bien cabrón
               cada vez que ella te besa
               como una niña traviesa
               besa a su primer amor

                    con todo ese furor
                    que te atrapa y te envuelve,
                    que de la pena te absuelve,
                    y se va cualquier dolor

es algo lindo algo mágico
no tiene comparación
es como una adicción
como algo idolátrico

que te deja nostálgico
a niveles de locura
de vivir una aventura
como novela dramático

extremadamente romántico
te lleva hasta el mismo sol
una luna un farol
como un lucero fantástico

así que pasa por el proceso
pa saber lo que se siente
uno solo es suficiente
y veras que no hay regreso

no adivino ni profeso
ni te quiero insistir
pero te invito a sentir
la magia infinita del beso

SENTIR

Es imposible pensar
Que el efecto de sentir
Te ayude tanto a vivir
Y a tu animo cambiar

No te lo puedo explicar
tampoco se puede medir
Sería algo a discutir
Pero es que fácil de notar

Pues el que siente va a encontrar
que todo lo puede decir
que todo lo puede lucir
y que a nadie hay que engañar

porque nada puede fallar
solo es cuestión de fluir
sin tener que reprimir
lo que no quieres callar

que sentir es algo más
es dar y no recibir
es cada día servir
y una semilla sembrar

para poder disfrutar
de ese corazón latir
que no puedo describir
y lo que hace es bailar

y solo se puede alegrar
pues acaba de descubrir
que con tan solo sentir
el cielo puede alcanzar

es algo espectacular
solo uno quiere sonreír
y en silencio quiere oír
cada latido palpitar

sentir no se puede comparar
tampoco sustituir
si acaso solo convertir
en algo más natural

me disculpan hay que aclarar
y no se veía venir
me equivoque no era sentir
en realidad era Amar

Me Toco Ser Negro

Si yo fuera negro mi compay
Yo culparía a mí may
Con tantos colores que hay
Me toco el peor ay ay ay

Empecé con el pie izquierdo
Ahora en vez de ganar pierdo
Me toman por loco no cuerdo
Como si por ser negro muerdo

Esta maldita manera de vernos
Como si fuéramos menos
O nos acusan o se hacen ajenos
Y después se hacen los buenos

Dicen que somos minoría
Quítate el disfraz que tienes todavía
El que te dio tu abuela, lo sabía
A ver si no somos mayoría

Sin embargo de todos los colores
es el negro el que lleva los honores
signo de arte, cultura y tambores
de poetas, atletas y libertadores

con tito trinidad siempre en mente
en beisbol el gran Roberto Clemente
si Luther King no es suficiente
Barak Obama de presidente

       Cuando se acabará el prejuicio
       a la mente hay que darle reinicio
       este es el momento propicio
       para todos tener el mismo beneficio

              hay mil colores escoge el tuyo
              yo tengo el mío y lo distribuyo
              de esa manera es que contribuyo
              porque ser negro es mi orgullo

Intermedio

Mirarla

Mirarla
Es como tener sed y no tener agua
Caminar millas y millas en el desierto
Bajo un sol quemándote la piel
La misma piel que desea tocarla
Acariciarla y besarla

Mirarla
Es como mirar la luna
Maravillosa pero inalcanzable
Imaginando la sensación de llegar a ella
Como llegar al punto
Mas lejos del universo

Mirarla
Es como un ladrón en la noche
Que busca el momento perfecto
Para llevarse su hermosura
Para robarle el corazón
Y desnudarle el alma

Mirarla
Es como tenerla en un sueño
Del que no quieres despertar
Pues la sientes en tus brazos de verdad
Pero con la triste realidad
De que nunca la tendrás

Hablando del Amor

Solicitud a Dios

La mujer que te voy a pedir
Por favor que sea flaquita
y un poquito graciosita
Para que me haga reír

    Pues me tiene que revivir
    De varias malas cositas
    Pues mi corazón se marchita
    y no me deja dormir

        Una que con sonreír
        Y darme una miradita
        A mi corazón que no se quita
        Le enseñe lo que es vivir

            Que baile salsa te voy a decir
            Es la única condicioncita
            Que me gustaría que esa damita
            Tenga para compartir

                Bueno, pero no puedo fingir
                Si no sabe pues que aprenda
                Sino la pondré en agenda
                ¡Y después uh! a juyir!

Y si le puedes añadir
Que le gusten mucho los viajes
Pero la mitad de los pasajes
Los tenemos que dividir

Eso me acuerda un decir
Que a las mujeres independientes
Se las pelean con dientes
no son fácil de conseguir

Y otra cosa a discutir
Es que sea fiel creyente
Que tenga paz y sea paciente
Pues no soy fácil de dirigir

Que le guste dar y servir
Y lo haga con pasión
Nos juntemos en esa misión
Para muchos bendecir

y si no es mucho pedir
Envíamela sencilla
No de esas que se ponen macilla
Pa poder sobresalir

Antes de dejarte ir
Envíamela cariñosa
Que mi corazón solo solloza
Y ya no quiere sufrir

Y mi sueño seria oír
"Eres lo mejor que me ha pasado"
Yo quedaría en un estado
Libre para morir

Esas son tus expectativas
    y entonces conoces un…..

Alma Libre

Pocas veces en la vida
Conoces un alma libre
Tan dulce como el jengibre
Totalmente extrovertida

Elegante y distinguida
Que con su baile entretiene
A esa nadie la detiene
La pista es a su medida

Si no la miras en su ida
La miras en su regreso
Y ni hablar de darle un beso
te deja el alma encendida

Es dulce pero bandida
Una Robin Hood de salón
Amarra bien el corazón
Sino lo roba y a la huida

una sirena consentida
con su pelo gris hermoso
un cuerpo maravilloso
y una mirada que intimida

hermosa y divertida
de esas que piensas en ella
pues te ha dejado una huella
de esas que nunca se olvida

Conoces otras que
no sabes si…….

Ser su Amante o Ser su Amigo

Desde que mis ojos la vieron
Sentí algo especial
Que no se puede explicar,
Y sentimientos salieron,

> Que me dejaron inquieto
> Pues la quería conocer
> Tuve que retroceder
> Me encontraba en un aprieto

> Algo me dijo tiempo al tiempo
> Para el amor no hay prisa
> Si tiene frio seré su frisa
> Y de su boca su aliento

> Y de la nada ella a mi lado
> Me hizo sentido mi decisión
> Yo no quería limitación
> Valió la pena haber esperado

> Una segunda casualidad
> Nos dio el impulso necesario
> Que preparo el escenario
> Para la complicidad

por fin la cita famosa
mucha ansiedad y nerviosos
pero de un modo curiosos
aunque ella toda pachosa

entre palabras y miradas
entre sangrías y titos
nos reímos un ratito
fue bien dulce la velada

la segunda cita ya fluía
había más confianza
ahí nació la esperanza
de algo bonito algún día

de ese día en adelante
no dejaba de pensar
aunque no puedo negar
que el miedo era bastante

estar a su lado es fascinante
como pal frio un abrigo
el tiempo será testigo
si seré su amante o seré su amigo

Pero te enamoras
de verdad y......

Como Hacerla Entender

Como hacerla entender
Lo que ella en mi provoca
Que un beso en la boca
Me haría enloquecer

    Como un amanecer
    En la bella mañana
    Como sol en la ventana
    Brillando de puro placer

        Como hacerla entender
        que mis ojos son de ella
        por ser una mujer tan bella
        y no poderme defender

            los he tenido que ceder
            para que esten en ella fijos
            no hace falta un acertijo
            solo mirarla y caer
                Como hacerla entender
                que tenerla a mi lado
                me deja todo desarmado
                queriendo comprender

como tiene el poder
de arrastrarme hasta el alma
con su belleza y su calma
siempre se logra imponer

    Como hacerla entender
    que de ella vivo enamorado
    y día a día me he esmerado
    por ganarme su querer

        permita Dios conceder
        el sueño de hacerla mía
        y espero que algún día
        me pueda corresponder

Y le explicas.....

Lo Que Ella Provoca

La veo y no se da cuenta
Que se me derrite la piel
Como abeja que derrama miel
Mi cuerpo a ella la ostenta

Sino lo digo mi alma revienta
Que es más hermosa que la misma Eva
Su inteligencia la eleva
Y su dulzura a mí me alimenta

Esa sonrisa que me sustenta
Y me mantiene espaciado
Mi corazón lo tiene secuestrado
Pero contento y no se lamenta

me rosa la piel y me calienta
ese es mi mejor castigo
de su cuerpo ser mendigo
y dejar que la consienta

como una cenicienta
en un cuento de hadas
bailar varias baladas
seducirla hasta que asienta

a soltar su vestimenta
y fundirnos en un beso
valió la pena el proceso
pues se logra si se intenta

Entonces experimentas el
amor de lejos a.........

La Distancia

Dicen que la distancia es el olvido
Dice Luis Miguel en su canción
Pero si la llevas en el corazón
Nadie borrara lo que han vivido

    Como Juanes a Dios le pido
    Todo depende a quien tu ames
    Si te importa ve y la llames
    Y obséquiale un cumplido

        Sino la llamas con un silbido
        De esos que llegan a la luna
        Hazle saber que no hay ninguna
        Que como ella te haya entendido

            Otra opción es un zumbido
            Tan dulce como un budín
            Como Robin Hood el paladín
            Se lo soplas al oído

                Si a cosas te has atrevido
                No tengas miedo y expresa
                Lo que por naturaleza
                Es más fuerte que un rugido

puedes tratar un maullido
no importa si están lejos
en el lenguaje de perros
llevan amor los ladridos

No te quedes abatido
hazle señales de humo
te aseguro que a lo sumo
algo tendrás merecido

descansa en paz que te has lucido
después de tantos detalles
corre y salta por las calles
que ese amor ha endurecido

pues no hay nada prohibido
cuando se extraña de veras
no importa cómo ni manera
en el amor es permitido

y ya con esto revalido
que la distancia no es barrera
ella seguirá siendo primera
pues si hay amor no hay olvido

y la empiezas a......

Extrañar

Esto es algo bien curioso
pensar en alguien noche y día
sea mañana o medio día
eso es casi un acoso

      sentimiento poderoso,
      que está muy subestimado
      pues si a alguien has amado
      deja en ti algo valioso

            no necesariamente afectuoso
            depende de la experiencia
            puede ser dulce o penitencia
            hay que ser bien cuidadoso

                  pues, aunque parezca hermoso
                  te podría consumir
                  y no dejarte vivir
                  sería algo peligroso

                        debes andar cauteloso
                        con tu débil corazón
                        que un recuerdo fanfarrón
                        no tenga un saldo costoso

sin embargo es asombroso
pensar en alguien pidiendo
tenerla al frente sonriendo
eso sería glorioso

aunque suene fantasioso
le bajaría hasta la luna
le dejo hasta mi fortuna
por un segundo lujurioso

todo el mundo envidioso
lo que no saben realmente
es que esta todo en mi mente
eso es lo misterioso

de un sentimiento dudoso
que solo busca aferrarse
sin piedad y sin amarse
confiado en salir airoso

aquí es que viene lo hermoso
extrañar es revivir
poder volver a sentir
ese amor maravilloso

Hasta que te rompe el
corazón y escribes….

Mi Primera Poesía

En esta mi primera poesía
quiero expresar mis sentimientos
y necesitaré de mucho viento
para impulsar mi travesía

    pues hablar de amor no es fantasía
    es bien real y es lo que siento
    así que to el mundo pa su asiento
    a escuchar mi letanía

        y perdonen se suponía
        que hablar de amor fuera un acierto
        pero en mi caso es sufrimiento
        pues a jodío la vida mía

            amor de noche Amor de día
            amor que se escucha en los conciertos
            pero a mí me ha dejado sangriento
            esa es la parte que desconocía

                parte que no explica la biología
                ni la iglesia ni los conventos
                solo pasar varios tormentos
                pa darme cuenta de la cogía

Ay Shakespeare y su hipocresía
muy bonitos con sus cuentos
y ahí están los estúpidos contentos
que creen en su palabrería

    maldito sea el amor quien lo crearía
    se debió haber muerto en el intento
    ese era el castigo perfecto
    pa tan grande majadería

        por culpa del amor quien lo diría
        se supone que uno este contento
        y si no mueres en el intento
        mueres de amor algún día

            pero con todo y mi rebeldía
            a decirte esto si me atrevo
            que si vuelvo a nacer de nuevo
            te juro que la amaría

Te recuperas y
quedas con un….

Corazón Asustado

Es difícil escoger
entre tantos sentimientos
sin pensar en el escarmiento
es que no quiero recaer

tampoco retroceder
quedándome en un vacío
donde no sienta ni pío
y no me tenga que exponer

es jugar al esconder
a ver si alguien me encuentra
y así mismo me amaestra
hasta que vuelva a creer

pues no es fácil detener
la sangre que corre por mis venas
no importa cuantas sean mis penas
mi naturaleza es renacer

no sin antes defender
a mi corazón asustado
que aunque solo, afortunado
pues tiene mucho que ofrecer

aunque hay que reconocer
que cuando llega la de uno
no hay obstáculo alguno
que se pueda anteponer

solo hay que mantener
mucha fe y mucha calma
alimentar con amor el alma
para poder corresponder

a ese nuevo querer
que podrá ser oportuno
pero mi corazón es uno
y lo tengo que proteger

Y
entras en
una.........

Indecisión

Cuanto espera un corazón
que no es correspondido
se va corriendo arrepentido
o se queda triste y con temor

si se queda es en prisión
por lo mucho que la ama
un corazón no reclama
solo puede dar amor

pero en esa indecisión
nunca pierde la esperanza
prefiere preso y sin fianza
a quedar solo y sin amor

Entonces te das cuenta
que así son las….

Cosas del Amor

No deja de sorprender
lo increíble que es la vida
cuando la das por entendida
ahí vuelves a caer

      pues el amor es medio tricky
      por ejemplo, Adán y Eva
      que sin ti la vida se me va
      así decía nuestro Ricky

            cuando uno se enamora
            uno no es correspondido
            se siente uno perdido
            la vida se le evapora

                  más cuando de ti se enamoran,
                  aunque trates de agradarle
                  no hay forma de pagarle
                  los sentimientos no afloran

                        ese es el eterno problema
                        del amor y sus tropiezos
                        pues nunca sales ileso
                        no importa cuál sea el dilema

no te debes conformar
de estar con quien no quieres
pues por más que tú te esmeres
en otra vas a pensar

en la que te robo el corazón
y te lo tiene hechizado
maltrecho y hasta olvidado
y sin indemnización

pero no te debes desanimar
el amor es especial
y la vida circunstancial
alguien siempre te va a amar

Intermedio

Estamos Jodíos

Sol playa y arena
y el pobre con su pena
mientras el político la hiena
tiene la barriga llena

más muertes y violencia
y justicia con carencia
de supuesta excelencia
y guardias sin experiencia

el capitolio la casa
donde la ley fracasa
por políticos de guasa
y el pueblo que se atrasa

se jartan con sus contratos
pasando liebre por gatos
pa eso son candidatos
no tienen ni bachillerato

es que se pasan de bruto
robar pa ellos es como un culto
no transparencia todo oculto
eso pal pueblo es un insulto

políticos de pacotilla
30 años en su silla
mente y alma con polilla
y corrupción en la planilla

    las calles criando hoyos
    supermercados sin pollo
    la crudita y su rollo
    y Guillito y su meollo

        el Eliezer bien guapito
        como Will Smith a Tatito
        algo raro con Willito
        y la Nogales ay bendito

            Elizabeth y los tenedores
            cabilderos son los peores
            la estadidad por sus cojones
            todo por dinero y posiciones

                el departamento de la familia
                con el ojo puesto en vigilia
                como hacia rosa Emilia
                no los salva ni la biblia

            mataron la reserva en salinas
            asesinos sucios gallinas
            recursos naturales no opina
            machergo castigado en la esquina

    los maestros no a su pensión
    los policías sin vocación
    los enfermeros sin protección
    y los estudiantes ni educación

el gobernador bien lucío
quien lo defiende es la hermana
el corrillo y sus panas
por eso estamos jodíos

Pa los Poetas

Letra con Sentido

Dicen que es solo lirica
esa siempre es la excusa
como el culpable al que lo acusa
como el político y su retórica

    sin embargo es poética
    la forma de seducir
    piensa que vas a decir
    dime si no te hace lógica

        la escritura es teórica
        es dulce para el oído
        motivación para el caído
        como una droga narcótica

            a veces de forma erótica
            pero sin llegar a ser vulgar
            pues se puede enamorar
            de manera más romántica

                decirle perra de forma gráfica
                eso la denigra dale su valor
                yo la compararía con una flor
                saliendo del capullo fantástica

darle pa bajo no sería táctica
suena horrible y le falta el respeto
como si hablaran de un simple objeto
eliminando la parte mágica

      usa tu lápiz de manera artística
      llévala en un viaje y crea suspiros
      escríbele versos deja ya los tiros
      lirica social como tu temática

            suma sentimientos como matemática
            que hable el corazón no tu pluma fría
            bájale dos rayas a tu guapería
            y haz de tu escritura una emblemática

Y por si creías que
todo era poesía
te dejo esta....

Tiraera Poética

Si te creías que to era poesía
pues te jodiste aquí está la mía
solo un poquito pa que no te copies
y suficiente pa que te escocotes

no es solo rima tengo mis cojones
no tengo miedo no sean llorones
por fuera dicen que son escritores
pero por dentro solo son copiones

con todo esto sé que yo te dreno
una meriendita y después te ceno
te lo digo claro yo te pongo freno
deja de robarte el trabajo ajeno

comen mierda y se llenan la boca
cómanse este que es lo que les toca
pónganse en fila que empezó la clase
esto se enseña si es que no te nace

esto es en serio esto no es invento
la habladuría no mata el talento
así que por fa oye bien atento
pa que me entiendas te lo digo lento

esto sería como en baloncesto
yo sería Barea y tu pepe incesto
creo que fui un poco modesto
yo sería Jordan para ser honesto

    o te lo digo como en beisbol
    yo sería Baez, Correa o Lindor
    tú en las menores como jugador
    yo en las grandes ligas como tu mentor

        ponle sentido a todo lo que escribes
        v déjate llevar por lo que percibes
        llena tu mente de conocimiento
        a ver si así le pones sentimiento

            esto se trata de tocar personas
            así que dale usa tus neuronas
            con mente y alma es que lo sazonas
            pa que tu veas lo que ocasionas

                así que ronca pero en ese viaje
                te ofrezco humilde de mi peritaje
                hazme un favor y cambia el lenguaje
                no te detengas y lleva el mensaje

Me Siento Afortunado

Me siento bien afortunado
de que hayan leído mi libro
ya conocen por las cosas que vibro
por las que me he caracterizado

puesto en poesía no cantado
esa es mi forma de expresar
mi alegría, mi amor, mi pensar
y así dejar plasmado

todo lo que he pasado
mis fracasos y mis aciertos
los errores encubiertos
y muchas veces espaciado

herido y desanimado
luchando por superarme
por mejorar y levantarme
aunque me haya equivocado

de la vida he rebotado
acepte mi gran castigo
el tiempo ha sido testigo
al que hice mal he compensado

ahora diciplinado
con mucha paz y bien contento
disfrutando cada momento
más de lo que había imaginado

es que todo va alineado
con ayudar siempre al prójimo
pues no sabes si eres el próximo
y no tengas nadie al lado

ya cumplí con lo soñado
a Dios gracias le doy
y con esta ya me voy
mi corazón les he dejado

Sobre el autor

Nació un 7 de agosto, un romántico empedernido de la vieja guardia, que todo lo que hace lo hace con pasión. Amante del baile, las artes y los deportes. Dedicado a ayudar a los menos afortunados y creador del grupo Depósitos de Esperanza. Le tomó amor a la lectura tarde en su adultez y de ahí empezó a coquetear con la idea de escribir. Ahora escribe este poemario con la ilusión de revivir esos poemas clásicos con los elementos de rima, ritmo y métrica.

Made in the USA
Columbia, SC
31 July 2023

20975702R10074